"सागर के उस पार से"

मेरी प्रथम कृति

उषा शर्मा 'चंद्रिका'

notionpress.com

INDIA · SINGAPORE · MALAYSIA

समर्पण

यह काव्य संग्रह मैं अनंत व्योम में विलीन, अपनी
माताजी स्व० **श्रीमती चंपा देवी**,
एवं पिताजी प्राचार्य
स्व० **श्री कमला प्रसाद शर्मा**,
को समर्पित करती हूं।

उषा शर्मा 'चंद्रिका'

शुभकामना संदेश

NARESH CHANDER LAL
PADMA SHRI AWARDEE

BOARD MEMBER CENTRAL BOARD OF FILM CERTIFICATION (CBFC)
AMBASSADOR SWACHH BHARAT MISSION, A & N ISLANDS
PREVIEW COMMITTEE MEMBER 48TH GOA INTERNATIONAL FILM FESTIVAL 2017/2021
"SARJU", HOUSE NO: MB-3/20, GURUDWARA LINE, PORT BLAIR - 744 101
ANDAMAN & NICOBAR ISLANDS, MOBILE : 9434284600 / 9933246044
E-mail : nareshislandfilmss@gmail.com

Ref No..   Date 10-4-2025

<u>शुभकामना संदेश</u>

मेरे लिये यह अत्यंत हर्ष का विषय है कि अण्डमान-निकोबार द्वीप समूह की लावण्यमयी, श्रीमती उषा शर्मा 'चनद्रिका' की पुस्तक (काव्य संग्रह) "सागर के उस पार से" प्रकाशित होने जा रही है। उषा शर्मा 'चनद्रिका' की कृति "सागर के उस पार से" एक अत्यंत ही भाव पूर्ण, सरस, मधुर एवं रोचक काव्य संग्रह है। विभिन्न काव्य पटलों पर मैने उनकी रचनायें पढ़ी हैं। यह एक अत्यंत संवेदनशील एवं निर्मल रचनाकार हैं। अपनी कविताओं के माध्यम से समाज, राष्ट्र एवं मानव के मन की विभिन्न अनुभूतियों को बड़ी ही सरलता से प्रस्तुत करती हैं।

निश्चय ही आने वाले समय में हमें उनके अन्य काव्य संग्रह पढ़ने के पटल पर अपनी गरिमा बढ़ाते हुए मिलेंगे।

उनके उज्जवल भविष्य की कामना करते हुए मैं अनंत शुभकामनायें प्रेषित करता हूँ।

(नरेश चन्द्र लाल) द्वारा लिखित
अण्डमान-निकोबार

शुभकामना संदेश

अत्यंत हर्ष के साथ एक सम्मानजनक और प्रेरणादायक शुभसंदेश आपकी कविता की प्रतिभा और योगदान को मान्यता देता है।

अंतर्राष्ट्रीय गीतकार/कवयित्री श्रीमती उषा शर्मा जी का काव्य संग्रह "सागर के उस पर से" मुझे यकीन है कि यह पाठकों के बीच बहुत लोकप्रिय होगा।

भारतीय संस्कृति में रची बसीं,अंडमान निकोबार द्वीप समूह की रहने वाली श्रीमती उषा शर्मा का 'काव्य संग्रह' का शीर्षक कवयित्री के मन की गहराई और सागर के उस पर से आने वाली भावनाएं,विचार और अनुभव जो कवयित्री के मन में है, उसे दर्शाता है।

सागर के उस पर से आने वाली प्रेरणा जो कवयित्री को अपनी कविता लिखने के लिए प्रेरित करती है। सागर के उस पर से जुड़ी हुई यादें, अनुभव या भावनाएं जो कवयित्री के जीवन में महत्व रखती है।

अभी हाल में हुआ आजमगढ़,उत्तर प्रदेश में अंतरराष्ट्रीय भोजपुरी संगम भारत (26- 27 सितंबर 2024) के अंतरराष्ट्रीय भोजपुरी कवि सम्मेलन में श्रीमती उषा शर्मा जी काव्यपाठ के लिए उपस्थिति हुई थी और अंतरराष्ट्रीय सम्मान से सम्मानित की गई थी।

मुझे उम्मीद है कि आप का यह नया 'काव्य संग्रह' पाठकों को उनकी कविता की दुनिया में ले जाएगा और उन्हें नई दिशाओं में सोचने के लिए प्रेरित करेगा।

एक बार फिर से गीतकार श्रीमती उषा शर्मा जी को अनंत बधाइयां और शुभकामनाएं।

आपका शुभेच्छु -

अरविंद श्रीवास्तव "चित्रांश"

भारतीय लोक संस्कृति एवं भोजपुरी भाषा, साहित्य, कला संस्कृति संरक्षक।

अंतरराष्ट्रीय संयोजक/संस्थापक-

अंतरराष्ट्रीय भोजपुरी संगम भारत।

प्रधान संपादक/प्रभारी- गौरवशाली पूर्वांचल

परिचय

उषा शर्मा 'चंद्रिका' अंडमान निकोबार द्वीपसमूह से रिटायर्ड शिक्षिका हैं। अपने सेवाकाल के दौरान ये सदैव ही, बच्चों के सर्वांगीण विकास के लिए तत्पर एवं प्रयत्नशील रहीं हैं। जिसके लिए विभिन्न शिक्षण सत्रों में एवं संस्थानों से पुरस्कृत भी होती रही हैं। सेवानिवृत्ति के पश्चात् स्वतंत्र लेखन की ओर उन्मुख हुईं और कविता लेखन से इनका गहरा लगाव हुआ। समय समय पर इनकी कविताएं विभिन्न समाचार पत्रों एवं पत्रिकाओं में छपी हैं। बहुत सारे साहित्यिक मंचों ने 'काव्य रत्न', 'काव्य भूषण', 'साहित्य रत्न', 'शारदा साहित्य सम्मान', 'छंद प्रभाकर सम्मान', हिंदी साधक सम्मान,आदि अनेकों सम्मानों से सम्मानित किया है। इन्होंने अब अपने जीवन का उद्देश्य कविताओं, कहानियों एवं संस्मरण द्वारा साहित्य की सेवा करना, बनाया है। कई एक सामाजिक संगठनों से भी जुड़ी हुई हैं और मानवता के मूल्यों को मानव मात्र में अपनी कविताओं के माध्यम से जगाने की दिशा में प्रयत्नशील हैं।

आभार

पाठक किसी भी रचनाकार के लिए सबसे बड़ी धरोहर होते हैं। उनकी टिप्पणियां रचनाकार को आगे बढ़ातीं हैं एवं रचना को और भी परिष्कृत करने में सहायक होतीं हैं। पाठक रचनाकार के लिए अमूल्य निधि समान होते हैं। उनकी प्रतिक्रिया बहुमूल्य होती है।

मैं अपने सभी पाठकों का , जिन्होंने समय समय पर मेरी विभिन्न कविताओं को पढ़ कर मेरा मार्गदर्शन किया है एवं मेरा उत्साहवर्धन किया है, हृदय तल से आभार व्यक्त करती हूं।

मैं विभिन्न काव्य मंचों, आदरणीय, गोपाल दास नीरज काव्य मंच, मां शारदे काव्य मंच, काव्यांगन काव्य मंच, राजश्री साहित्य अकादमी, मानसरोवर साहित्य अकादमी , काव्य पुष्पांजली मंच इत्यादि का भी आभार व्यक्त करती हूं जिन्होंने समय समय पर होती रही प्रतियोगिताओं में मेरी रचनाओं को सराहा, चयनित किया एवं पुरस्कृत किया है।

मैं अपने पुत्र अंशुल शर्मा, पुत्री रुचि शर्मा एवं पतिदेव श्री अशोक कुमार शर्मा, तथा सभी सगे संबंधियों का भी आभार व्यक्त करती हूं,जिनकी प्रेरणा, आशीर्वाद एवं शुभकामनाएं सदैव मेरा मार्गदर्शन करती रहीं हैं।

उषा शर्मा 'चंद्रिका'

साक्ष्य

आदरणीय उषा शर्मा 'चंद्रिका' जी की रचनाओं को मैं पिछले पांच साल से अलग अलग पटल पर पढ़ रहा हूं।

आप एक बेहतरीन रचनाकार हैं और सभी विधाओं में जैसे कविता, छंद, भजन ग़ज़ल के माध्यम से विभिन्न विषयों पर बेबाकी से लिखती है। समय-समय पर इनकी रचनाएं पुरुस्कृत हुई हैं।

इनका काव्य संग्रह, "सागर के उस पार से" शीघ्र ही प्रकाशित होने जा रहा है।

मैं इन्हें हार्दिक शुभकामनाएं एवं बहुत बहुत बधाई देता हूं।

रमेश शर्मा (कवि)

अध्यक्ष, इंडिया जर्नलिस्ट एसोसिएशन

(राजस्थान शाखा)

आपकी रचना "श्रृंगार सभी के मन का हो" बहुत ही सुंदर और सामयिक है। इस कविता में जिस प्रकार से आपने समाज की विकृतियों, नैतिकता के ह्रास, और नव सृजन की आवश्यकता को दर्शाया है, वह बहुत प्रभावशाली है। हर

पंक्ति में भावनाओं की गहराई स्पष्ट रूप से झलकती है और मनुष्यत्व के सच्चे स्वरूप को उभारने का संदेश देती है।

अजीत सिंह

(अम्बेसडर, विश्व साक्षरता फाउन्डेशन)

गागर में सागर मां।।।।। शत शत नमन।।।। सादर अभिवादन ...

अशोक अग्रवाल

(राजनीतिक)

बहुत ही अनमोल रचना । माँ का आशीर्वाद बना रहे ।

बी सी बवेजा

(बैंक आफ बड़ौदा)

हार्दिक शुभकामनाएं, आप वाकई एक काव्य की रानी हैं! आपकी कलम से निकले शब्दों में जादू है!

दिनेश दुबे

(डाक्टर, गोरखपुर)

बहुत ही अद्भुत , खूबसूरत आपका सृजन , हृदय से आपका अभिनन्दन , हमारी मंगलमय कामनाएं स्वीकार कीजिए

अशोक शुक्ला

(ग्रामीण बैंकिंग में सेवानिवृत्त अधिकारी)

आपकी सभी रचनाएं समसामयिक होती है, समाज में फैली बुराई को रचना बद्ध कर समाज को जागरूक कर इन अमानवीय घटनाओं को रोकनें का प्रयास करती हो। बहुत बहुत धन्यवाद।

आदरणीया उषा शर्मा जी

(सेवानिवृत्त प्रधानाध्यापिका)

पुरस्कार

1   मां शारदे काव्य मंच-

काव्य रत्न सम्मान, श्रेष्ठ रचनाकार सम्मान, दैनिक सर्वश्रेष्ठ रचनाकार सम्मान, छंद प्रभाकर सम्मान, हिंदी साधक सम्मान, शारदा साहित्य सम्मान, काव्य विभूति सम्मान, भक्ति प्रभा सम्मान, शारदा काव्य शिरोमणि सम्मान, हिंदी रत्न सम्मान, शिक्षक गौरव सम्मान, और अनेकों काव्य रत्न सम्मान।

2   काव्य पुष्पांजली काव्य मंच-

काव्य भूषण सम्मान ।

3   राजश्री साहित्य अकादमी छत्तीसगढ़ -

राजश्री श्रेष्ठ काव्य सम्मान, शिल्पी विशिष्ट सम्मान।

4   गोपाल दास नीरज साहित्य संस्थान समूह-

गोपाल दास नीरज साहित्य रत्न पुरस्कार, सुप्रसिद्ध साहित्यकार सम्मान।

5   काव्यांगन मंच-

उत्कृष्ट सृजन सम्मान, उत्कृष्ट काव्य कौशल सम्मान।

6   दि ग्राम टुडे प्रकाशन समुह -

हिंदी सेवी सम्मान २०२४, सरस्वती साधक सम्मान।

दो शब्द

मैं उषा शर्मा 'चंद्रिका' अंडमान निकोबार द्वीपसमूह से रिटायर्ड शिक्षिका हूं।अपने सेवाकाल के दौरान मैं सदैव ही, बच्चों के सर्वांगीण विकास के लिए तत्पर एवं प्रयत्नशील रही हूं। जिसके लिए विभिन्न शिक्षण सत्रों में एवं संस्थानों से पुरस्कृत भी होती रही हूं। सेवानिवृत्ति के पश्चात् स्वतंत्र लेखन की ओर उन्मुख हुई और कविता लेखन से मेरा गहरा लगाव हुआ। समय समय पर मेरी कविताएं विभिन्न समाचार पत्रों एवं पत्रिकाओं में छपी हैं। बहुत सारे साहित्यिक मंचों ने 'काव्य रत्न', 'काव्य भूषण', 'साहित्य रत्न', 'शारदा साहित्य सम्मान', 'छंद प्रभाकर सम्मान', हिंदी साधक सम्मान,आदि अनेकों सम्मानों से सम्मानित किया है। अपने जीवन का उद्देश्य अब मैंने कविताओं, कहानियों एवं संस्मरण द्वारा साहित्य की सेवा करना, बनाया है। कई एक सामाजिक संगठनों से भी जुड़ी हुई हूं और मानवता के मूल्यों को मानव मात्र में अपनी कविताओं के माध्यम से जगाने की दिशा में प्रयत्नशील हूं।

कौन हूं मैं क्या चाह मेरी
यह मैंने अब तक ना जाना
जब जीवन की ढालान मिली
तब मैंने निज को पहचाना

कुछ देर हुई ना अबेर हुई है
कुछ नही न अब भी बीता है
चल पड़ी राह पर एक नयी
उस पर अब भी कुछ रीता है

भर कर अपने में शब्द पुष्प
कुछ नया खिलाना बाकी है
दे कर संवेदन सब अपना
नयी राह बनाना बाकी है

मन की आवाज सुनी मैंने
चल पड़ी दिशा की ओर बढ़ी
बैठी मैं शब्दों के रथ पर
नयी चेतनता की ओर चढ़ी

जब भी कुछ नूतन सा मिलता
मैं शब्द वसन पहनाती हूं
देती हूं भावों की सिलवन
कुछ शब्द छंद कर जाती हूं

हर बार को ऐसा लगता है
इससे सुंदर परिधान बने
कुछ और भाव रस घोलूं मैं
इक नया कोई अभिधान बने

जब भावपूर्ण कुछ बनता है
भर जाती इक तृप्ति से मैं
पथ आलोकित होता है जब
भर जाती इक दीप्ति से मैं

जीवन का ध्येय है अब मेरा
कुछ सृजित करुं ऐसी कृतियां
जहां हिय के भाव श्रवित होवें
मन सबके सृजित हों सुवृत्तियां।

उषा चंद्रिका

यह काव्य संग्रह मेरी दृष्टि में

अथाह, असीम, अपार, शाश्वत, शांत और अशांत, शक्तिशाली, पारदर्शी, गंभीर, गहन, रहस्यमय, जितनी भी उपमाएं इस धरा के विशालतम अंश को दी जाएं, कम ही हैं। नित्य ही नये नये उपमानों को गढ़ता हुआ ये सिंधु किसके हृदय को उद्वेलित नहीं करता है। अपने में सृष्टि की उत्पत्ति को समाहित किए हुए यह सागर, आज भी हमारे लिए किसी पहेली से कम नहीं है।

बाल्यकाल से ही सागर के बीच रही हूं अतः सागर के विभिन्न रुपों ने मुझे अत्यंत ही प्रभावित किया है। मेरी दृष्टि में सागर, मानव हृदय की सभी संवेदनाओं को अपने में समाहित किए हुए हैं। कभी बालक के समान चंचल तो कभी प्रौढ़ के समान गंभीर, कभी माता के स्नेह से अभिसिंचित तो कभी प्रेमी प्रेमिका के मिलन और बिछोह का साक्षी। सागर की इन्हीं संवेदनाओं को शब्दों का वसन पहना कर अपनी कविताओं में मैंने पिरोया है।

उत्तर प्रदेश में जन्म लेने के पश्चात बाल्यकाल में ही अपनी माताजी एवं पिताजी के साथ अंडमान द्वीप समुह की राजधानी पोर्टब्लेयर (आधुनिक श्री विजय पुरम) में आना हुआ।

इन्हीं द्वीपों में लालन पालन व स्नातक तक की शिक्षा संपन्न हुई। भारत की मुख्य भूमि से इन द्वीपों में सागर पार कर आना जाना होता

था। कविताओं में रुचि इन्हीं द्वीपों में रहकर प्रारंभ हुई। अतः मेरी प्रथम कृति का संबोधन "सागर के उस पार से" मुझे अत्यंत ही मनोहारी प्रतीत हुआ।

यदि किसी भी प्रकार से इस काव्य संग्रह ने आप सभी के मन को स्पर्श किया है तो मैं अपनी लेखनी को धन्य समझूंगी। आप सभी ने मुख पुस्तक (फेस बुक) के माध्यम से मेरी रचनाओं को सराहा है और अनेकों नेक आशीर्वाद दे कर मुझे कृतार्थ किया है। इस आशा के साथ कि आप सभी का आशीष सदैव मिलता रहे आप सब की|

उषा शर्मा 'चंद्रिका'

अनुक्रम

1. मां शारदे आशीष दो

ऐ मां हमें आशीष दो, हम नित्य नूतन ज्ञान पाएं।
अज्ञानता से दूर हों, हम शुभ्र सुरभित ध्यान पाएं।।

सर्वदा मन धवल हो, निर्मल सदा व्यवहार हो।
उत्कर्ष सबका हो सके, सबका सरल आचार हो।।

सबको मिले संयोग सम, सबमें परस्पर प्यार हो।
सन्मार्ग पर सबही चलें, ना मन कोई व्यभिचार हो।।

नवचेतना ले कर सभी, हम बढ़ चलें उत्थान को।
पाकर तुम्हारा साथ मां, पा जाएं सब सम्मान को।।

हे वीणा वादिनि मां हमें, अज्ञानता से उद्धार दो।
मन बुद्धि को सक्षम बना, संकीर्णता से उबार लो।।

भाव सरिता बह चले, द्रविभूत कर पाषाण को।
यह लेखनी चलती रहे, अविराम ही कल्याण को।।

2. बचपन की यादें

आज फिर जैसे सपनों ने
बचपन की याद दिला डाली
भूली बिसरी यादों से
व्याकुल मन को हर्षा डाली

सागर तट पर नंगे पैरों
कैसे दौडा करती थी
कभी भागती आगे-आगे
लहरें पीछे होती थीं
कभी दौड लहरों के पीछे
आंख मिचौली होती थी
कभी रेत पर बैठ किनारे
सीपियाँ चुनती रहती थी
इन रंग बिरंगी सीपियों ने फिर
बात अनोखी कर डाली
भूली बिसरी यादों से
व्याकुल मन को हर्षा डाली

वहीं रेत पर बैठ किनारे
सागर को देखा करती थी

उठती- गिरती लहरों को
अनजाने गिनती रहती थी
उठती गिरती लहरों ने
जीवन की तान सुना डाली
भूली बिसरी यादों से
व्याकुल मन को हर्षा डाली

वहीं बैठ फिर बडे चाव से
नावों की होड परखती थी
हाथ हिला कर और डुला कर
होडों में उर्जा भरती थी
अपनी नाव को आगे बढ़ता
देख बहुत खिल जाती थी
पीछे रहती नाव देख पर
दुखी बहुत हो जाती थी
नावों की होडा- होडी ने
फिर से बचपन बुला लिया
भूली बिसरी यादों से
व्याकुल मन को हर्षा दिया

वहीं रेत पर बैठ किनारे
चिड़ियों को देखा करती थी
अपने पंखों को पसार जो
गगन में विचरण करतीं थीं

सोचा करती काश कि मैं भी

उनमें से इक हो पाती

अपने पंखों को पसारकर

दूर क्षितिज तक हो आती

बचपन की भोली यादों ने

मुझको फिर से भिगा दिया

भूली बिसरी यादों से

व्याकुल मन को हर्षा दिया।

3. आंचल के मोती ये द्वीप

मंजुल माणिक रुचिर मनोहर
अंडमान के द्वीप ये लघुतम
मां के आंचल के ये मोती
झलकें सागर बीच में अनुपम
मुक्तक माल सजे हों जैसे
नीले अंबर पर ये निरुपम
छलक गये हों ज्यों आंखों से
खुशियों से भर अश्रु मनोरम

सागर नीला लहरें नीलीं
द्वीपों की झालर हों जैसे
घेरे हैं चहुं ओर से इसको
नयनों का काजर हों जैसे
हरे वनों से सजा धजा कर
ईश्वर ने इसे और निखारा
लगता जैसे मां ने अपने
गोद में ले कर इन्हें दुलारा

पुष्पगुच्छ में फूल हों जैसे
जनमानस भी लगते वैसे
प्रांत प्रांत से आ कर खिल कर
सजे हों इक गुच्छे में जैसे
भाषा और परिधान यहां के
भांति भांति के और निराले
लघु भारत जैसा दिखता है
जैसे सबको साथ मिला ले

धर्म जाति का कोई बंधन
लोगों को नहीं अलग कराए
जन जन में सब प्रेम प्रीति का
मिलजुल कर सब अलख जगाएं
मनोहारी हर दृश्य यहां का
सागर तट हो या हो कानन
प्रेम की बंसी सभी बजाएं
नर नारी और सकल प्रजा जन

सब ही सब त्यौहार मनाते
सबकी खुशियों में रम जाते
हर मौसम होता है उत्सव
द्वीपों का इक पर्व महोत्सव
प्रकृति के सुंदर दृश्यों का

आलय हैं ये सुंदर द्वीप
वसुंधरा के परिदृश्यों का
सम्मोहक ये मधुकर द्वीप

अहोभाग्य हमारा है हम
इन द्वीपों के वासी हैं
सदा रहें सब मिल जुल कर
हम अमन शांति अभिलाषी हैं
देख देख कर इन द्वीपों को
सब कोई रमना चाहे
स्वर्ग धरा पर यहीं कहीं है
हर कोई कहना चाहे

अनुकंपा ईश्वर से इतनी
रहें सुरक्षित अपने द्वीप
जाति धर्म से परे रहें सब
बढ़ती रहे आपस की प्रीत
मानव धर्म रहे सर्वोपरि
बढ़ती रहे बंधुत्व की रीत
एक नया संसार बनाए
मिले सभी को मन का मीत।

4. ये द्वीप मेरे मन भावन हैं

ये द्वीप मेरे मन भावन हैं,ये द्वीप मेरे मन भावन हैं

धरती हो चाहे हो अंबर

सम्मोहन सबके ही भीतर

यहां चारु कलित हर वासी जिनका

मन अतुलित ही पावन है

ये द्वीप मेरे मन भावन हैं, ये द्वीप मेरे मन भावन हैं

वैसे तो हर प्रान्त देश का,

सुन्दर और सुहावन है

पर धरती के सुन्दर ठौरों में

सबसे अधिक ये पावन हैं

ये द्वीप मेरे मन भावन हैं, ये द्वीप मेरे मन भावन हैं

शीतल पवन का झोंका आकर

करताइ नको निर्मल है

वर्षा की बूँदें बरस,बरस कर

करतीं इनको मधुबन हैं

ये द्वीप मेरे मनभावन हैं, ये द्वीप मेरे मन भावन हैं

हरियाली चहुँ ओर यहाँ पर

छन छन लहराते तरुवर हैं

झूम झूम कर गाते हैं ये

आनंदित हर जीवन है

ये द्वीप मेरे मन भावन हैं, ये द्वीप मेरे मन भावन हैं

चहुँ ओर से नीला सागर है

ज्यों चन्द्र घिरा नीलाम्बर में

सागर के उर में छिपे हुए

अगणित मोती और पन्ने हैं

ये द्वीप मेरे मन भावन हैं, ये द्वीप मेरे मन भावन हैं

प्रेम की बंसी यहाँ बजाते

चारों ओर प्रजा जन हैं

हर वृक्ष यहाँ का झूमे है

पंछी जन करते गुंजन हैं

ये द्वीप मेरे मन भावन हैं, ये द्वीप मेरे मन भावन हैं

कहीं शस्य,कहीं पर वृह तरुवर

कहीं श्वेत धवल तट फैले हैं

प्रकृति की अनुपम रचना है

हरते ये सबका तन मन हैं

ये द्वीप मेरे मन भावन हैं, ये द्वीप मेरे मन भावन हैं

लघु भारत यहाँ निवास करे

सब सबके मन की पीर हरें

निश्छल सी हँसी गूंजे हरपल

मन हृदय सभी का दर्पण है

ये द्वीप मेरे मन भावन हैं, ये द्वीप मेरे मन भावन हैं

सौन्दर्य यहाँ का बना रहे

वन,जन भी यहाँ के रक्षित हों

मेरे द्वीप सदा उत्कर्षित हो

हम सब के लिए जो पावन है

ये द्वीप मेरे मन भावन हैं, ये द्वीप मेरे मन भावन है

5. रूप बदलता सागर

वृहद रूप सागर का मैने
बहुत निकट से देखा है
नित नये नये रूपो में मैने
सागर को ढलते देखा है

बालक सा मासूम कभी वह
उसको उछलते देखा है
अंजलि में भर भर कर जल को
सबको भिगोते देखा है
उस बाल सुलभ चंचलता को
मैने सबको लुभाते देखा है
नित नये नये............ढलते देखा है

संग पवन के खेलियां करते
और मचलते देखा है
तरिणी को आगोश में लेते
और झुलाते देखा है
मदमस्त बहारों में यौवन के
उदधि को खोते देखा है
नित नये नये............ढलते देखा है

अपने प्रिय के विरह में मैंने

उसको बिलखते देखा है

चुप मौन उसे आवेगरहित

प्रत्याशित रहते देखा है

दूर क्षितिज पर अंबर से

मैंने उसका मिलन भी देखा है

नित नये नये............ढलते देखा है

क्रोध में वह विकराल रूप

अति गर्जन करते देखा है

धरती भी डर से कांप उठे

ऐसा नर्तन करते देखा है

अति वृहद तरंगें को उठ कर

विध्वंस मचाते देखा है

नित नये नये............ढलते देखा है

कभी शांत स्निग्ध,कभी सरल तरल

कभी दर्पण जैसा देखा है

निस्तब्धता की परिसीमा

के पार उतरते देखा है

अपने उर में जाने कितनी

व्यथा छिपाये देखा है

नित नये नये..........ढलते देखा है

कभी नील रंग, कभी हरे रंग में

उदधि को रंगते देखा है

काले बादल के छाने पर

उसको गहराता देखा है

कुछ दूर तलक तल दिख जाए

वह पारदर्शिता देखा है

नित नये नये.............ढलते देखा है

इसके अगाध रूप को मैने

स्वच्छ, सरल सा देखा है

पर क्रोध की ज्वाला में मैने

उसे सबको समेटे देखा है

अपने अंतः के रत्नों को

तट पर बिखराते देखा है

नित नये नये रूपों में मैने, सागर को ढलते देखा है

वृहद रूप सागर का मैने

बहुत निकट से देखा है

नित नये नये रूपों में मैने

सागर को ढलते देखा है।

6. इस धरा का रूप सुन्दर, हम सभी मिलकर बना दें

इस धरा का रूप सुन्दर
हम सभी मिलकर बना दें
हो सके तो शान्ति को
सद्भाव को पुष्पित करा दें
इस धरा का रुप सुंदर, हम सभी मिलकर बना दें

चढ़ गयी बलि द्वन्द की
इस विश्व की निस्तब्धता
जल गयी हर दिल से सारी
भावनाएं,   मनुष्यता
हो सके तो हृदयों में
एकत्व को कुसुमित करा दें
इस धरा का रूप सुन्दर, हम सभी मिलकर बना दें

हो गयी है यह धरा
अब रक्तरंजित घाव से
हो गयी है फिर से धूमिल
द्वेष के फैलाव से

हो सके तो फिर दिलों में
प्रेम को रोपित करा दें
इस धरा का रूप सुन्दर, हम सभी मिलकर बना दें

जिनके हाथों से छुटा
संसार सारा सपनों का
जिनके जीवन से छिना
अवलंब सारा अपनों का
उनको फिर से जीने की
नयी राह से अवगत करा दें
इस धरा का रूप सुन्दर, हम सभी मिलकर बना दें

गूँजती है हर दिशा में
आर्तस्वर निर्दोषों की
लेती हैं वो सिसकियाँ
अपनी दशा पर, क्लेशों की
उनके हाथो में आश्रय का
इक नया संबल थमा दें
इस धरा का रूप सुन्दर, हम सभी मिलकर बना दें

आंधियां कैसी चलीं जो
त्राहि करती सभ्यता
कैसी ये लहरें चलीं जो

मिट गयी सब शिष्टता
अपने कर्मों से सभी हम
इक नयी संस्कृति बना दें
इस धरा का रूप सुन्दर, हम सभी मिलकर बना दें

जाने कितने कालों से
संचित रही ये सभ्यता
जाने कितनी पीढ़ियों ने
है जुटाई दिव्यता
अपनी इस प्रतिभूति को हम
इक नया उत्थान दे दें
इस धरा का रूप सुन्दर, हम सभी मिलकर बना दें

छट जाएंगे घन घनें ये
छाए जो अंबर में हैं इस
इन हवाओं में बसेगी
रागिनी मधुबन की फिर
'चंद्रिका' कुछ पुष्प चुन कर
भोर के माथे सजा दें
इस धरा का रूप सुन्दर, हम सभी मिलकर बना दें
हो सके तो शान्ति को, सद्भाव को पुष्पित करा दें।

7. भारत माता तुझको इक दिन

भारत माता तुझको इक दिन

मैं मिलने को आऊँगी

अंडमान द्वीपों से चुन कर

पुष्प माल पहनाऊँगी

तेरे आँचल से जो छिटके

ये वो सुन्दर तारे हैं

धरती पर ये स्वर्ग से सुन्दर

मनभावन और प्यारे हैं

हरे वनों के फूलों का मैं, गजरा तुझे लगाऊँगी

भारत माता तुझको इक दिन, मैं मिलने को आऊँगी

नीले सागर से मोती चुन

हार तुझे पहनाऊँगी

और उसी सागर के जल से

तेरे चरण पखारूंगी

तेरे ही चरणों के रज से

द्वीपों के भाल सजाऊँगी

वंदन तेरा निसि दिन ही मैं

करती ही बस जाऊँगी

नीलांबर से नीले रंग का, आँचल तुझे उढाऊँगी
भारत माता तुझको इक दिन, मैं मिलने को आऊँगी

मेरे द्वीपों में तेरा ही
अनवधि जै-जैकार रहेगा
यहाँ की मिट्टी के कंण-कंण में
तेरा ही अधिकार रहेगा
अरि भी देखे तो थर्राये
ऐसा शस्त्र उठाऊँगी
तेरे आन की रक्षा में माँ
शूलधारिणी बन जाऊँगी
कर्ज़ तेरा पूरा करने माँ, अपना शीश चढ़ाऊँगी
भारत माता तुझको इक दिन, मैं मिलने को आऊँगी

प्रथम स्वतंत्रता ध्वज लहराया
माँ तेरे इन द्वीपों में
तेरे वीर सपूतों की बलि
वेदी बनी है द्वीपों में
चाहे कितने भी वैरी हों
युद्ध के उन मैदानों में
तेरी रक्षा करने को माँ
संग्रामों में आऊँगी

विजय पताका हाथ में लेकर,मैं फिर से लहराऊँगी
भारत माता तुझको इक दिन ,मैं मिलने को आऊँगी

सेल्युलर बन्दीगृह इसकी

साक्ष्य है उन बलिदानों की

कालकोठरी हर दिन कहती

गाथा वीर जवानों की

द्वीपों की मैं वासी तेरा

भाल उच्च करवाऊँगी

तेरी अमर कहानी को माँ

द्वार-द्वार पहुंचाऊँगी

अमर शहीदों की वेदी पर, फिर-फिर शीश नवाऊँगी
भारत माता तुझको इक दिन, मैं मिलने को आऊँगी।

8. स्वयं

ढूँढने चली स्वयं को
स्वयं से जो छुपाया है
स्वयं से पूछती हूँ मैं
क्या खोया क्या पाया है

समय ने लीं जो करवटें
हर मोड़ पर थीं मंजिलें
हर मंजिलों की अपनी थी
अलग-अलग सी चाहतें
कुछ चाहतें मिली मगर
कुछ ने सर झुकाया है
स्वयं से पूछती हूँ मैं
क्या खोया क्या पाया है

क्या मंजिलें मिली कभी
किसी को इस जहान में
क्या छू लिया किसी ने अपने
हर उस मुकाम को
चाहतों के कानन ने

हम सबको उलझाया है
स्वयं से पूछती हूँ मैं
क्या खोया क्या पाया है

सभी को इस जहान में
बस मंजिलों की तलाश है
भाग रही मानवता
कुछ पाने की आस है
कब तक थमेगी लालसा
क्या किसी ने कुछ बताया है
स्वयं से पूछती हूँ मैं
क्या खोया क्या पाया है

दिग्भ्रमित सी होती रही
मंजिलों की तलाश में
सही दिशा मिले कभी
इसे पाने की आस में
ठोकरों ने फिर मुझे
निर्भयी बनाया है
स्वयं से पूछती हूँ मैं
क्या खोया क्या पाया है

चल पड़ी हूँ मैं अभी
स्वयं की तलाश में
निकल पड़ी हूँ फिर से मैं
इक चेतना की आस में
मेरी लेखनी आधार बने
परहित उपकार की
मेरी भावनाएं बन जाएँ
माध्यम अनुराग की
क्या मिट सकेंगी दूरियाँ
आपस की, कुछ बताया है
स्वयं से पूछती हूँ मैं
क्या खोया क्या पाया है

जगा सकूँ दिलों में सबके
थोडी   संवेदना
मिटा सकूँ मैं जीवन की
थोड़ी सी वेदना
ला सकूँ मैं चेहरों पे
थोड़ी मुस्कान भी
बाँट पाऊँ दर्द उनका
दे उन्हें कर पहचान भी
कर जो पाऊँ इतना तो
ढूँढ लूँगी स्वयं को

प्रश्न फिर न होगा
क्या खोया क्या पाया है
सोचूँगी   मैने
बस पाया ही पाया है।

9. गीत गुनगुनाते हैं

बिसरे उन लम्हों से
पुरवा(गाँव) के पन्नों से
चलो मिल आते हैं
बातें कर आते हैं
गावों की गलियों से
सखियों सहेलियों से
सुनते कुछ सुनाते हैं
गीत गुनगुनाते हैं
चलो मिल आते हैं

आम की अमराइयों से
पोखर की गहराइयों से
खेतों से, बागों से
पुरवा बयारों से
बरगद की शाखों से
बगुला की पांतों से
चलो मिल आते हैं
बातें कर आते हैं

चलो झूम आते हैं

फागों की टोली संग

इठलाती मतवाली

रंगों की होली संग

सावन की कजली संग

बिरहा और चैती की

मीठी सी बदली संग

राग कुछ बनाते हैं

बातें कर आते हैं

मांघो की ठिठुरन से

फागुन की थिरकन से

चैतो की नवमी से

जेठो की गरमी से

सावन के झूलो से

भादों की रिमझिम से

चलो भीग आते हैं

सबको भिगाते हैं

चलो मिल आते हैं

बातें कर आते हैं

मइया के गीतों से
शादी की रीतों से
सोहर और चैती के
सुर भरे संगीतो से
ढोलक की थापो से
बांसुरी की तानो से
चलो मिल आते हैं
बातें कर आते हैं

खोए उन लम्हों को
फिर से ले आते हैं
जीवन की अकुलन से
कुछ पल चुराते हैं
'चंद्रिका' की चाँदनी मे
फिर से नहाते हैं
बिसरे पलों को हम
फिर से जी आते हैं
फिर मुस्कुराते हैं
गीत गुनगुनाते हैं
बातें कर आते हैं।

10. मातृभूमि तुझे कोटि नमन

ऐ मातृभूमि तुझे कोटि नमन

ऐ मातृभूमि तुझे कोटि नमन

नित करती रहूँ तेरा वन्दन

ऐ मातृभूमि तुझे कोटि नमन

पूजनीय मिट्टी इसकी

जो करती सबका परिपोषण

मैं धरूँ सदा इसे माथे पर

लगे जैसे हो तिलक चन्दन

ऐ मातृभूमि तुझे कोटि नमन

युगों युगों तक बहती रहे

नदियाँ इसकी चंचल निर्मल

जन जन को पोषित करती रहें

बहें सदा सतत, अविरल

जल इनका कभी न मैला हो

हम करें सभी का संरक्षण

ऐ मातृभूमि तुझे कोटि नमन

हर खेतों में हरियाली हो
सबके चेहरों पर लाली हो
कोई कहीं दुखी नहीं होवे
परिपूर्ण ऋद्धि से सब होवे
हो प्रतिपल इसका संवर्धन
ऐ मातृभूमि तुझे कोटि नमन।

शिक्षित हो सभी मान पावें
अपने कौशल को दिखलावे
इतिहास पुनः फिर दोहरावे
सोने की चिड़िया कहलावें
हम करें विश्व का मार्गदर्शन
ऐ मातृभूमि तुझे कोटि नमन।

इस देश की मिट्टी को सींचा
जिसने अपने बलिदानो से
व्यर्थ न जाए तप उनका
इन आपस की तकरारो से
हम करें सदा ही उन्हें नमन
ऐ मातृभूमि तुझे कोटि नमन।

विश्व पटल पर सूरज बनकर

भारत मेरा हर पल चमके

हो प्रकाशमय वसुधा पूरी

देश मेरा कुछ ऐसा दमके

दसों दिशाओं में हो हर पल

भारतवर्ष का ही गुंजन

ए मातृभूमि तुझे कोटि नमन

ए मातृभूमि तुझे कोटि नमन ।

11. शब्द

ये शब्दों के जाले हैं
कुछ तुम्हारे हैं ,कुछ हमारे हैं
कुछ मधुर तान बनके
मन आँगन मे बरसे हैं
उन शब्दों से ही तो
मधुर तान सरसे हैं
कुछ मानस पटल पर
घटा बनके छाये हैं
जैसे कभी भी ये
मन को भिगाए हैं
कुछ तीखे हैं कडवे हैं
व्यंग्य बनके बरसे हैं
बेचैन मन मे वे
शूल बनके चुभते हैं
कुछ चितचोर बनके
मन को चुराये हैं
शब्द ही तो हैं जिनसे
मन भरमाये हैं
कुछ गर्जन हैं तर्जन हैं

संघर्ष का वे दर्पण हैं

मन के संताप का

स्वच्छ प्रतिबिंबन हैं

आशा हैं गरिमा हैं

सरल भाव समिता हैं

शब्दों के जाले में

प्रेम भाव सिमटा है

शब्द ही तो हैं जो

फुहार बनके बरसे हैं

प्यार के आँगन में

फूल बनके महके हैं

शब्दों के व्यंग्य वाण

तुम न चलाना

बिंध जाय कोई हृदय

इनसे बचाना

तरकश के तीर से

उबर पाना संभव है

शब्दों के घाव से

सम्हलना असंभव है

हो सके तो शब्दों को

सहज तुम बनाना

प्रीति की रीति क्या है

सबको बताना

प्रेम के दो शब्दों से
हर मन को हँसाना
शब्दों के शूल से
सबको बचाना।

12. माँ वसुंधरा

मैं धरती हूँ मैं पृथ्वी हूँ
मैं वसुंधा हूं मैं वसुंधरा
मैं धरिणी हूँ मैं उर्वी हूँ
मैं इला भी हूं मैं हूं अचला

मेरे अंचल मे रह कर के सब
संस्कृतियों ने है जन्म लिया
ये उच्च शिखर पहुंचीं पनपीं
पुनि नूतन बन सत्कर्म किया

पर्वत का उच्च शिखर मैं हूँ
नदियों का कलकल मैं ही हूँ
मरु हो या वह सम अवनी
सागर का तल भी मैं ही हूँ

मैं हरित वनों से शोभित हूँ
हिम से भी हुई अलंकृत हूं
जन जन का पोषण मैं ही हूँ
उर्जा अवशोषण मैं ही हूँ

अंतर में खनिजों को अपने
धारण कर रखा है मैने
मनमोहक रत्नों, पन्नों को
निज गर्भ में रखा है मैंने

अगंणित संस्कृतियां आई और
आ कर के फिर ये चली गयी
हर बार को अपने स्वारथ से
उर में वे नश्तर चुभो गयीं

हम सभ्य जिसे कहते हैं वे
कुछ ऐसा ओछा कार्य करें
कर के प्रदोह मेरे तन का
शोषित कर कार्य अनार्य* करें

हो जाती मैं अतिशोणित** हूं
जब अपने सुत ही घाव करें
मैं शोक से व्याकुल हो जाती
जब कोई भी न बचाव करें

---

*अनार्य - असभ्य, **अतिशोणित- अत्यंत दुखी

मुझे बेंध-बेंध कर क्या कोई
कभी कहीं सुखी रह पायेगा?
करके विनाश कोई भी कहीं
ना शरण कहीं भी पाएगा
शोषण जो किया तुमने मेरा
कोई जीवन नया न पाओगे
मेरे साथ साथ तुम भी तो कहीं
संपूर्ण शून्य हो जावोगे

समय चेतने का अब है
त्रुटि दोष दूर करने का है
रिसते घावों पर लेप कोई
कुछ मरहम लगवाने का है

कुछ तुम भी बढो, कुछ मैं भी बढूं
ईक दूजे को थाम बढ़ें
संरक्षण दे दो तुम मुझको
मैं पोषित तुम्हे चिर काल करुं।

13. प्रतिकूलता का आकर्षण

विरह विकल व वेदना, सभी तो प्रेम रूप हैं
रागिन अनुरागिनी का, भी वही स्वरूप हैं
पुष्प से अलग नहीं, कहीं कभी वो शूल है
प्रेम है तो विरह है, प्रेम का वो मूल है

तृष्णा बिन तृप्ति का, कहाँ कोई स्वरूप है
मिष्टि भी भली लगे,यदि तिक्तता अपरूप है
भूख है तो स्वाद है, संघर्ष है तो आस है
रात के बिना भी कहीं, दिन का कोई रूप है?

योग में वियोग तभी, योग मूल्यवान है
वियोग बाद ही तो ये, मिलन भी भाग्यवान है
निशा जो जितनी स्याह हो, उषा भी उत सुहावनी
ये शीत जितनी सघन हो, वसन्त उत लुभावनी

मेह बूँदें सोंधी लगें, तप्त माटी में पड़ें
पोखर तालाब में ये, पड़ के भला क्या करें
कोयल की कूक भाये, गहन हो निस्तब्धता
जन सभा भली लगे,जब होने लगे शून्यता

जितने दूर जाते हैं, पास उतने आते हैं
पास रह के दूरियाँ, दिलों में समाते हैं
प्रीत भली लागे जो, अतिशय ही दुर्लभ हो
मन जैसा मिले कोई, ऐसा कहां सुलभ हो

किसी ने सही कहा, विश्व सारा चुम्बक है
प्रतिकूल ध्रुव ही सदा, दूजे को लुभाते हैं
एक जैसी फितरत में, दूर चले जाते हैं
चाहने से मन मीत, मिल न कभी पाते हैं

अनुकूलता में सभी , जीवन जी लेते हैं
प्रतिकूलता में जियें, वही तो आकर्षण है
झुकता वही है वृक्ष, फल से भरा जो हो
फल से विहीन तरू, में न कोई कर्षण* है।

*कर्षण - खिंचाव

14. कुछ मुक्तक पदबंध

विपदा से ना डरना प्राणी, विपदा तो अनमोल है,
चुभे कणिका सीप में, मोती बन बहुमोल है।

पीर न बांचो सबसे अपनी, पीर पराई कोई ना बूझे,
हर्षित होवे जग ये सारा, हंसी व्यथा पर उनको सूझे।

कष्ट शोक आएं जीवन में, दृढ़ता से भर जाते हैं,
कुन्दन जलकर पावक में, और खरे बन जाते हैं।

खुद को इतना सक्षम करना, दुखः आने से घबराए,
कटु पाषाणों में भी सरिता, राह बनाती जाए।

अपने बल को जो पहचाने, विजयी वो ही कहलाए,
वृहद हस्ति को द्वार मृत्यु के, नन्ही सी च्यूंटी पहुंचाए।

सघन तिमिर हो अपने आगे,राह नजर ना हमको आए,
ज्ञान चक्षु से पथ आगे का, नित प्रशस्त होता ही जाए।

सुख दुख आंख मिचौली खेले, कोई ना रुकने पाए,
सागर की लहरों के जैसे, इक आए तो दूजा जाए।

दुखः सुख का संगम ये काया, जीवन की है कहलाए,
दोनो के बिन मिले क्या जीवन, पूर्ण कभी भी हो पाए।

मानव जीवन में विपदा जस, अंकन का इक है मानक,
जाँच परख होवे धीरज का, यह तो है इक संचालक।

जीवन में सुख दुख दोनों को, साथ लिए हमको चलना,
दोनों में निज को उनके ही, अनुरुपित हमको करना।

15. सागर पार उतरना है

संसार के सागर में अपने
तुम चलते चलो नैया जैसे
निज सौंप के लहरों के आगे
संग बहते चलो पुरवईया जैसे

लहरों के थपेड़े खाती है
नैया नित बहती रहती है
लहरों की मनमानी नित ही
बिन बोले सहती रहती है

विश्वास उसे अपने पर है
निष्ठा उसको अपने पर है
ये सागर चाहे कुछ कर ले
उसे लगन जो अपने श्रम पर है

नित ही उसको श्रम करना है
संघर्ष लहर से करना है
श्रम से अपने ही फिर उसको
नित सागर पार उतरना है

उल्लासित होती है वह जब
कोई पंथी नाव में चढ़ता है
वह धन्य समझती है निज को
जब पंथी पार उतरता है

चल देती है अपने पथ पर
राही को पार लगाने को
लहरों से होड़ लगाती है
गंतव्य उसे पहुँचाने को

बन करके तारिणी के जैसा
गंतव्य सभी को पहुंचाना है
ललकार चंद्रिका जो भी हो
तुम्हें सागर पार ले जाना है।

16. चलती गयी मैं लहरों संग

सागर की चंचल लहरों ने
मन को ऐसे मोह लिया
चलती गयी मैं लहरों संग
संताप को पीछे छोड़ दिया

कदम चूमतीं लहरें जाने
कृति अनन्त दिखलाने लगीं
चित्रकार के जैसे मोहक
रंग विविध बिखराने लगीं
मैं बैठ गयी लहरों के संग
और चित्रों को सँजोह लिया
चलती गयी मैं ....

कुछ चित्र बड़े ही दुर्लभ थे
पद चिन्हों के आरेख दिखे
बालू के तट पर चलते वे
सरपट से दौड़ते मुझे दिखे
मैं दौड़ पड़ी पीछे उनके
लहरों ने मुझको रोकें लिया
चलती गयी मैं ....

आकाश में शीश उठाये हुए
कुछ खड़े नारियल के तरु थे
लहरों ने आ कर पग उनके
नीले जल से ही पखार लिया
मूल में ले उनको तरुवर ने
मीठे जल सा बसा लिया
चलती गयी मैं ....

कुछ बगुलों के जोड़े देखे
जो उड़ने लगे थे लहरों पर
आये थे लहरों से मिलने
उनके ही आवाहन   पर
उन्हें चंचल सी कुछ रंग बिरंगी
मत्स्यों ने आकृषट किया
चलती गयी मैं ....   ।

17. "ईक भोर अंडमान की"

भोर ने पलकें उठाईं, दीप्त सरवर हो गये,
दूर नभ में रवि उगा और, द्वीप केसर हो गये।

पंछियों के झुंड अपने, नीड़को से निकल पड़े,
पंक्ति बनकर वे गगन में, चहचहाने उड़ चले।

'रॉस' के इस द्वीप के, पीछे से दिनकर चल पड़ा।
लग रहा सागर से कोई, ग्रह इक नव्य निकल पड़ा।

द्वीप के पीछे का नभ कुछ, सुर्ख सा अब हो चला,
जैसे नटखट चपल बालक, अरुण रंग भिगो चला।

अंडमान की राजधानी, स्वप्न लोक सी बन गयी,
प्रकृति मानों स्वयं आ कर, द्वीपों में इन बस गयी।

अपनी सुन्दरता दिखाने, अप्सरा कोई आ गयी,
नीरनिधि* के मध्य मानों, पुष्प गुच्छ सजा गयी।

---

*नीरनिधि - सागर

शीतल समीर तट पर , धुन नया कोई गा गया,
अपने संग-संग राष्ट्र ध्वज को, ऊँचे पर फरहा गया।

कितना मनहर दृश्य है यह, जा नहीं कहीं और पायें,
'चंद्रिका' यह स्वर्ग अपना,चल यहीं कहीं बस ही जाएँ।

18. निर्मल जल की इक धारा

निर्मल जल की इक धारा
उत्तुंग श्रृंग से फूट पड़ी
अविरल जल को साथ लिए
निर्दिष्ट लक्ष्य की ओर चली।

कुछ दूर चली निर्झर बनकर
पाषाण हृदय को शीतल कर
कुछ कहती गयी कथा अपनी
कुछ सुनती गयी व्यथा उनकी
जाने कितनी गाथाओं को
वो चली सहेजे साथ चली
निर्मल जल की *******,
उत्तुंग श्रृंग से *********।

मन बड़ा हुआ उसका की वो
अपना भी निषेवण वहीं करे
उस शीश महेश में बैठ वहीं
कुछ अपने आप को पुण्य करे
पर जीवों के कल्याण हेतु वह

जटा जूट से निकल चली
निर्मल जल की *******,
उत्तुंग श्रृंग से *********।

अपने आप को किया समर्पित
और किया परहित को संभृत
हर देश नगर अभिसरने लगी
संस्कृतियों को भी की संभ्रंत
जो वचन रूद्र को दिया कभी
वह वचन निभाने छूट चली
निर्मल जल की *********,
उत्तुंग श्रृंग से *********।

सदियों से ही अभिसारित है
हर नगर देश करे सिंचित है
पर अपने कृत्यों से प्रतिक्षण
मानव ने किया उसे कलुषित है
उस व्यथित हृदय के कारण ही
कुछ अश्रु चक्षु से बह निकली
निर्मल जल की *********,
उत्तुंग श्रृंग से *********।

इस निर्मल जल की धारा को
तुम निर्मल सदा ही रहने दो
अपने परिहार्य द्रव्य से तुम
इसको दूषित ना होने दो
कहीं ऐसा ना हो विलय हेतु
यह जटा जूट में चल निकले
निर्मल जल की इक धारा
उत्तुंग श्रृंग से फूट पड़ी।

अविरल जल को साथ लिए
निर्दिष्ट लक्ष्य की ओर चली ।

—◦•⊰◈⊱•◦—

19. सागर सा मन

धरा के आंसू पी कर के

सागर ने निज को खार लिया

अपनी सारी मधुरिमा से

धरती का उद्धार किया

वर्षा का मीठा जल पा कर

धरती ने श्रृंगार किया

दुख और आंसू धरती का

सागर ने निज में धार लिया

कहां सरल है सागर बनना

लेना सबका खारापन

बदले में दे देना अपने

जीवन का अमृत सा जल।

20. उन शब्दों में मैं ढालूँ कैसे

जिन शब्दों को सीखा तुझसे
उन शब्दों में मैं ढालूँ कैसे
ऐ माँ मैं तो निःशब्द सी हूँ
मैं तुझ पर कुछ लिख डालूँ कैसे।

तुमने ही मुझको लिखा
अस्तित्व मेरा तुमने रखा
परिचय मेरा सब जान सकें
यह धर्म तुम्ही ने तो रखा
शब्दों की सीमा चुक सी गयी
कोई शब्द नया सा पा लूँ कैसे
ऐ माँ मैं कुछ निःशब्द सी हूँ
मैं तुझ पर कुछ **********।

तूने मुझको जो भाव दिए
वो हृदय में मेरे अंकित हैं
पर चाहूँ तो ना लिख पाऊँ
मेरी लेखनी जो परिसीमित है
तू धरिणी से भी विस्तृत है

तुझे लेखनी से लिख डालूँ कैसे
माँ मैं कुछ निःशब्द सी हूँ
मैं तुझ पर कुछ **********।

श्यामल से मुखमंडल पर मैं
नित प्रकाश देखा करती थी
गाम्भीर्य पूर्ण तेरे आनन पर मैं
स्नेह सरस परखा करती थी
निःस्वार्थ प्रेम अविरल धारा
तू स्नेह वत्सला के जैसे
ऐ माँ मैं कुछ निःशब्द सी हूँ
मै तुझ पर कुछ **********।

संबंध तुम्ही संसार तुम्ही
इस जीवन का आधार तुम्ही
माँ के बिन कहीं न संभव है
जीवन का अमृतधार कहीं
ईश्वर को नही कहीं देखा
तू लगे है ईश्वर के जैसे
ऐ माँ मैं कुछ निःशब्द सी हूँ
मै तुझ पर कुछ **********।

जिन शब्दों को सीखा तुझसे
उन शब्दों में मैं ढालूँ कैसे।

21. जीवन और लहरें

लहरें बढ़तीं रहतीं तट पर, और टूट कर रह जातीं हैं
जीवन की लहरें भी वैसी, बढ़तीं छूट के रह जातीं हैं।

जाने कितनी बार को उठती, फिर गिरती ये रहतीं हैं
करतीं हैं संघर्ष आजीवन, फिर भी नहीं ये रुकती है।

टूटना इनकी नियति बनी है, फिर भी ये उठ जाती हैं
तट पर आते आते कैसे, टूट बिखर ही जाती हैं।

कितनी समता जीवन की, इन लहरों जैसी होती है
उठती गिरती प्रतिपल रहतीं, खंडित इति में होती हैं।

एक लहर जब खंडित होती, नयी वहां चल पड़ती है
अपना वह अस्तित्व मिटाने, तट को ओर निकलती है।

लहरों का यह खेल निराला, बनने और बिगड़ने का
जीवन अपना भी वैसा ही, टूटने और बिखरने का।

लहरों का साहस अद्भुत है, फिर उठ के बढ़ जातीं हैं
मानव प्रकृति क्यों ऐसी है, टूट बिखर ही जाती है।

जीर्णापन आते आते मनु, बेबस कितना हो जाता है
लहरों सा ना फिर चल पड़ता, बिखरा ही रह जाता है।

22. चलीं ये ले हमें कहां

आईं जो बीच दूरियां
चली ये ले हमें कहां
ऐ मीत ये मुझे बता
कि हम कभी मिले यहां?

साथ रह के अजनबी
से हो गये हैं रास्ते
जो मिट न पायेंगे कभी
ले जाएं कहां रास्ते
समझ सके न तुम कभी
ये धड़कनों की दास्तां
ऐ मीत ये मुझे ******,
कि हम कभी *******?

ताकते रहे नयन
सदा ही उस बहार को
कि काश वो पुकार ले
कभी तो अपने प्यार को
वो कर सके न हम कभी

दिलों का हाल ही बयां
ऐ मीत ये मुझे *******,
कि हम कभी *********?

दिये कोई भी क्यों भरम
कि तू तो कोई और था
जो राह कोई और थी
अलग ही कोई ठौर था
जो साथ चल के भी कभी
न साथ वो कभी चला
ऐ मीत ये मुझे *******,
कि हम कभी *********?

साथ रह के मिल न सके
दोनों ही कगार क्यों
कि साथ साथ ही रहे
न पट सके दरार क्यों
क्यों मंजिलें हमारी ले के
आई हैं हमें यहां
ऐ मीत ये मुझे बता
कि हम कभी मिले यहां?

आई जो बीच दूरियां
ये ले चलीं हमें कहां
ऐ मीत ये मुझे बता
कि हम कभी मिले यहां?

23. बड़ा कठिन सूरज बनना

नित नित सूरज सा तपना
तप कर आलोकित करना
जीवन के आयामों को
ऊष्मा से पोषित भी करना
जीवन से सबके तम हरना
बड़ा कठिन सूरज बनना।

अंधियारा चिर आये तो
या तेज तनिक हो जाये तो
यदि कुछ अबेर हो जाए तो
कटु तीव्र वचन सबके सुनना
यह श्राप दंश सबके सहना
बड़ा कठिन सूरज बनना।

मेघ भले ही दोषी हों यह
तय है त्रुटि रवि पर आना
सब दंश ओढ़ कर अपने पर
नित काम सतत करते जाना
कुवचन सब के सह जाना
बड़ा कठिन सूरज बनना।

सूरज बनना कठिन बड़ा तो
दीपक ही तुम बन जाना
अल्प मात्र ही उजियारे को
शांत सतत तुम फैलाना
तेज शील ना सबके वश में
बड़ा कठिन सूरज बनना।

यह मानवता है वहीं कहीं
सूरज जैसा है शील जहां
सारे शूल समेटे मन में
सूरज सी तुम छवि देना
दर्प न हो निज कर्म पे कोई
नहीं कठिन सूरज बनना।

24. भीगने को जी चाहता है

सावन की रिमझिम में
भीगने को जी चाहता है
धरती की तपन को
सींचने को जी चाहता है

काश कि धुल जाए
मन की मलीनता
बस जाए हृदयों में
थोड़ी शालीनता

खुशबू हवा की सारी
भींचने को जी चाहता है
सावन की रिमझिम में
भीगने को जी चाहता है

प्यारे प्यारे बादलों के
रथ पर सवार हो के
अम्बर की छोर तक
घूमने को जी चाहता है

जलधर को हाथों से
छूने को जी चाहता है
सावन की रिमझिम में
भीगने को जी चाहता है

धरती से अम्बर को
जोड़े जो इन्द्रधनुष
रंगों के उस झूले पर
झूलने को जी चाहता है

मांणिक सी बूंदों संग
बिखरने को जी चाहता है
सावन की रिमझिम में
भीगने को जी चाहता है

बरसों की तपन को
सींचने को जी चाहता है

25. समतल सागर

यह रुप तुम्हारा ऐ सागर

कितना निर्मल कितना कोमल

ये चक्षु जहां तक देख सकें

तुम लगो आरसी सा समतल

क्या सचमुच ऐसे हो नदीश

या सबको केवल दिखलाते

लगता है ओढ़ के शीतलता

तुम हलचल अपनी पी जाते

मन बोझ बढ़े बढ़ता ही रहे

पलकों पर आ कर नृत्य करे

क्यों ज्योति चंद्रिका की जाने

कुछ मंद रहे फीकी सी रहे

मुझको भी थोड़ी सी अपनी

वह सौम्य गहनता दे जाना

अपने मन की व्याकुलता को

मुझको भी ना है कोई दिखलाना।

26. चाहतों का कारवां

चाहतें तो चाहतें हैं
चाहतें मिली कहाँ
मिल गयी जो चाहतें
तो चाहतें रहीं कहाँ

मिलने और पाने के
फासले ही चाहत हैं
नही मिली जो चाहतें
तो राहतें मिली कहाँ

अति सुहानी चाहतें हैं
स्वप्न जो दिखाती हैं
कुछ पल को ही सही
ये पास चली आती हैं

उलझा हर कोई है
चाहतों के कानन में
चाहतें जो मिल गयीं
तो जीवन ही उपवन है

चाहतें   सभी   करें
चाहतों से जीवन है
मर गयीं जो चाहतें तो
जीवन मरण ही   है

चाहतें   वही   करें   जो
सामर्थ्य   अनुरूप   हों
सामर्थ्यहीन   जो   हों
अत्यधिक   कुरूप   हों

चाहतें विकट बड़ी हैं
पूर्ण न हो पातीं हैं
एक को जो पूर्ण करो
दूजी निकल आती है

चाहतों के बीच फंसा
जीवन हम सबका है
चाहत नहीं हो कोई
ऐसा मन किसका है

चाहतों का कारवां ना
रुके कभी जीवन भर
छलता रहे सबको ही
रुक-रुक कर,रह-रह कर

चाहतों पर विजय पाए
ऐसी जिसकी आत्मा है
'चंद्रिका' वो बन जाए
साधक महात्मा है।

27. बादलों के पार चल दूँ

जी में आता उड़ चलूँ मैं
बादलों के पार चल दूँ
उड़ चलूँ मैं कल्पना संग
इक नया संसार गढ़ दूँ
स्वप्न का संसार है यह
दिख रहे हैं चित्र कितने
श्वेत, उज्जवल रंग सारे
सज गये आकार कितने
बादलों में अश्व कितने
रथ भी सुन्दर सा खड़ा है
सारथी इक बैठ उन पर
हाँकने रथ को चला है
साथ में प्रियदर्शिनी है
कामिनी, मनमोहिनी है
तर्जनी से लक्ष्य को वह
अपने इंगित कर रही है
अश्वारोही जाने कितने
रथ को रक्षित कर रहे हैं
कामिनी बस लक्ष्य साधे

सामने रथ पर खड़ी है
अपने धनु को खींच कर
शर से निशाना साधती है
भृकुटी को वह तान कर
संधान लक्ष्य का कर रही है
श्वेत वस्त्रों में कोई वह
अप्सरा सी लग रही है
मेघों का अपनी छवि से
मार्ग विचलित कर रही है
बादलों के अश्व चढ़ कर
चल पड़ा सुन्दर कुवँर है
लक्ष्य का संधान करने
बढ़ रहा प्रतिपल निकट है
अपनी प्रिया को देखकर
धनु बाण हाथों से गिरे हैं
नयन ने नयनों को देखा
नयनों से मोती झरे हैं
दृश्य ऐसा देखकर मन
भाव विह्वल हो उठा है
कल्पना की डोर को
वर्षा की बूंदो ने छुआ है
सोचती ही रह गयी यदि
चल गये होते जो दोनो

बांण दोनो ही दिशा से
'चंद्रिका' क्या अंत होता
भावना , मेरी कल्पना का।

28. उड़ती पवन और मैं

अनगढ़ वह रेतीला टीला, बैठ वहाँ सुस्ताने लगी,
कहाँ और आगे जाऊँ अब, सोच के मैं घबराने लगी।

पवन चली और मुझसे मेरे ,कानों में कुछ कहने लगी,
हाल पूछ वह अपने रस्ते, आगे को फिर बहने लगी।

क्यों बैठी थक हार के तुम, तुम्हे दूर बहुत ही जाना है,
वचन दिए जो खुद को उनको, पूरा कर दिखलाना है।

उड़ती पवन से मैने पूछा, आओ हम मिलकर बैठेंगे,
मिलकर कुछ बातें कर लेंगे, फिर सोचेंगे और समझेंगे।

पवन के झोंके ने बतलाया, रुकना मेरा काम नही,
पल भर भी जो रुक जाऊँ तो, लोगों को आराम नहीं।

उड़ती रहती हूँ हरदम मैं, सबको हित पहुंचाने को,
धरा का सुन्दर रूप बने, जन जन को प्राण दिलाने को।

सबको ही चलना पड़ता है, अपना धर्म निभाने को,
बिना रुके प्रतिपल बढ़ना है, जीवन को पनपाने को।

रुकता वही जो मृत सा है, बहना ही तो जीवन है,
जीवन वही जो चलता है, बहते चलो यही प्रण है।

कोई साथ नही रुकता, सब रौंद तुम्हे बढ़ जाएंगे,
रुकना अब तो व्यर्थ ही है, तुम यूँ बैठे रह जाओगे।

चिर नींद में सोने से पहले, तुम्हे दूर बहुत अभी जाना है,
तुम सक्षम हो तुम कर्मशील, तुम्हे कर्म का धर्म निभाना है।

मैं उठी वहाँ से जाने लगी,और पवन का साथ निभाने लगी,
चली खोजने अपने को मैं, अपना परिचय पाने लगी।

पवन मुझे छू कर के गुजरी, मुझको जैसे जगा गयी,
उठी वहाँ से चलने लगी मैं,पवन के साथ ही चलती गयी।

29. मन की बातें

मन की बातें मन ही जाने
मन ही समझे मन पहचाने
मन तो मन है, मन ही मनमें
स्वयं ही समझे स्वयं ही जाने

चंचल मन कभी चिंतित मन
कभी शांत भी तो विचलित मन
शीतल है कभी समतल मन
कभी निर्मल है कभी कोमल मन

कभी अपना और पराया मन
कभी लोभ, क्रोध से छाया मन
ईर्ष्या और द्वेष का पोषक मन
यह बैर भाव का शोषक मन

कहीं पाप का पालक बनता मन
कभी घृणा का उद्वेलक भी मन
कभी बन जाता प्रतिरोधक मन
कभी नवल राह का शोधक मन

कभी लिप्सा में ये लिपटा मन
कभी है वैराग्य कराता मन
कभी अपनी ही मजबूरी पर
घुटता ही रहता है ये मन

अपनों की व्यथा से डरता मन
वहीं पीर परायी हरता मन
कहीं सत्य से आंख चुराता मन
कभी सत्य का भान कराता मन

कई भेद छिपाता है ये मन
और मंद मंद मुस्काता है मन
मन की व्यथा दबाता है मन
चेहरे पे हंसी ले आता है मन

एक ही घट को अलग अलग
रूपों में कभी दिखलाता मन
कभी हंसता किसी लाचारी पर
कभी रोता दुखियारी पर मन

पत्थर को शीश नवाता मन
कहीं उसी से वार कराता मन
ईशत्व का भान कराता मन
कभी ईश को ही झुठलाता मन

थोड़े में खुश हो जाता मन
कभी बहुल भी खिन्न कराता मन
सब खो कर धैर्य धराता मन
कभी पा कर भी है रुलाता मन

कितने ही रंग बदलता मन
पर नही कभी ये थकता मन
नाना है दृश्य दिखाता मन
और सबको ही है लुभाता मन

किस द्रव्य से जाने रचा है मन
क्षण-क्षण यह रूप बदलता मन
प्रेम , घृणा, आकर्ष, विकर्ष को
साथ साथ लिए चलता मन

है वश में किया जिसने भी मन
बस हार ही जाता उससे मन
पा जाता है शिवत्व वो मन
और रच जाता नव लोक वो मन

30. औरत की व्यथा

औरत हूँ मैं औरत की वह, व्यथा कहानी लिखती हूँ
जीवन की तीखी बातों को, अपनी जुबानी कहती हूँ

जन्म लिया जब मैंने सबके, चेहरे ही म्लानित से दिखे
बिटिया को स्वीकार किया पर, चेहरे उनके बुझे दिखे

अनिश्चित सी अनचाही सी, सबने ही स्वीकार किया
कन्या जान सभी ने मेरा, हर क्षण ही अपकार किया

माँ को छोड़ किसी ने मुझको, नही वो सच्चा प्यार दिया
तनुजा रूप में सबने मुझको, नही वो मान दुलार दिया

अधिकार न मेरा कोई बस, कर्तव्य दिखाया इस जग ने
अपने हक से मुझको ही, कर डाला वंचित इस जग ने

बेटी बन बहना बनकर, पत्नी कभी तो माँ बनकर
तन मन धन अर्पित मैंने, किया है सारे लोगों पर

निज अस्तित्व नकार दिया, सब कुछ मैनें वार दिया
लोगों ने मेरे त्याग को अपने, सुख का ही आधार दिया

तिल तिल घुटी हूँ भीतर से, इच्छाओं को भी मार दिया
मिटी हूँ हर कर्तव्यों पर,निज स्वत्व को ही इन्कार दिया

इतनी अपेक्षा स्त्री से , क्या उसमें कोई अनुभूति नहीं
हरदम शोषित होवे क्यों, यह भी तो कोई रीति नही

अपने लिए वह थोड़ी भी ,जी ले या कुछ भी कर ले
लोग तिरस्कृत कर जाएँ, निज के लिए वह साँस भी ले

सोचा कभी, किसी ने क्या, जब जग स्त्री से वंचित हो
सृष्टि की रचना कैसे हो, यह धरा भी कैसे संचित हो

इतना दुख ना दो कि फिर से, जन्म न ले संसार में
या फिर अपनी शक्ति लगा दे, लोगों के संहार में

आज की इस युवा पीढ़ी को,याद रहे उसका यह त्याग
स्त्री का सम्मान करें सब, खुल जाएँगे सबके भाग

हर प्राणी सम कोटि यहाँ, सबकी अपनी ही महता है
किसी एक से चले न जग, सबकी अपनी ही गुरुता है।

31. राम, एक व्यक्तित्व

है नही यह साध्य जन
मानस, बने श्री राम सा
राम सा मन पा सकें
जो त्याग दें निज स्वार्थ सा
त्याग दें निज स्वार्थ जन जो
वश में कर निज चाह को
सर्व उपर जो धरे परहित
परम परमार्थ को
राम को धर कर के मन में
मन जो खोजे राम को
दस दिशाएँ विजय पाए
मन बसें श्री राम को
राम ही बसते हृदय जो
राम ही बस सांस में
राम ही हर स्पंद में और
राम ही उच्छ्वास में
है कहाँ जन में ये सम्भव
मन को कर हनुमंत सा
राम को हर क्षण ही ध्या कर

मन बसें श्रीराम सा
त्याग,तप और वचन में वह
राम का प्रतिरूप जो
बुद्धि विद्या बल में हो वह
राम का ही रूप जो
है कहाँ यह साध्य जन
मानस जो है अतिधीर जो
जो करे उद्धार जन का
जा बसे हिय राम को
धीरता और वीरता का
बन समन्वय राम का
बन सके जन मन वो पाये
हृदय प्रभु श्री राम का।

32. चल मेरे मन तू

चल मेरे मन तू आज वहाँ चल

हुई वो पहली बात वहाँ चल

मुलाकात वो पहली, पहली

हुई जहाँ उस प्रात चला चल

दूर दूर तक इकलाई थी

हवा भी कुछ बौराई सी थी

साँझ की बेला में सरगम थे

धुन कुछ नयी सुनायी दी थी

गुनगुन करता अनजाना सा

कोई जैसे अनपहचाना सा

अपनी धुन में चला जा रहा

अनुबंधन कोई लिए जा रहा

लगी देखने मैं उस ओर

चला जा रहा वह जिस ओर

कदम चल पड़े मेरे विभोर

मेघा गरजे कुछ अति घोर

पायल की रूनझुन सुन ठिठका

आहट पा पीछे को लौटा

सुंदर सी छाया को देखा

हुऐ वे जैसे आत्मविभोर
चल मेरे मन तू आज वहाँ चल
पहली थी मुलाकात वहाँ चल
मन के तार हुए थे झंकृत
हुई वो पहली बात वहाँ चल।

33. बोलों के शूल

बोलों के ये शूल जाने
बिंध गये कहाँ कहाँ
जिस के मन वे जा बिंधे
वे रिस गये वहाँ वहाँ

शूलों का तो काम ही है
बेंधना ये तन व मन
फिर वो हो भले किसी का
वेदना से व्याप्त मन

कहते हैं कि शूल जहाँ
हो वहीं पर फूल है
पर न जाने फूल कैसे
खिलते जहाँ शूल है

हिय के बाग में न जाने
शूल हैं बहुत धंसे
कैसे कोई पुष्प मन में
आकर के इसमें बसे

शूल में भी बिंध के कोई
पा लिया यदि हीर को
कम न कर सकेगा फिर भी
रिसने वाली पीर को

तन के रिसते घाव भले
कुछ घड़ी में भर भी जायँ
मन के रिसते घाव कैसे
सरलता से भर पायें

'चंद्रिका' सम्हल जाएँ
चेतना इतनी कराएँ
अपनी अपनी वाणी को
कुछ तो सहल बनाएँ।

34. थोड़ी धूप मिले

मैंने कब चाहा था मुझको
दिनकर का हर रूप मिले
मैंने तो बस चाहा इतना
मुझको थोड़ी धूप मिले

आहों के बादल छट जाएँ
किरण सुनहरी हर घर आए
संदल की सुगंध ले आए
थोड़ी मधुरता संग में आए
घने मेघ के बीच से उजली
दामिनी की हल्की रेख मिले
मैंने कब चाहा था मुझको
दिनकर का हर रूप मिले। मैंने तो........धूप मिले।

रात की काली चादर जब भी
घिरे किसी के भी जीवन में
चंद्रप्रभा से थोड़ी थोड़ी
कांति मिले कंटक वन में
अर्ध चंद्र छुप कर के आए

उसकी थोड़ी ओज   मिले

मैने कब चाहा था मुझक

दिनकर का सब रूप मिले। मैने तो.......धूप मिले।

थक कर चूर हो जाए मन

साथ चले ना अपना   तन

मन्द पवन के झोंके फिर से

सहला जाएँ   मन   उपवन

छू जाए कुछ ऐसे तन मन

मरू को थोड़ी वृष्टि   मिले

मैने कब चाहा था मुझको

दिनकर का सब रूप मिले। मैने तो..........धूप मिले।

उस उजास बीहड़ में जब भी

भटके राही सुध बुध खोए

कहीं से आकर कभी तो कोई

थोड़ी सी मिठास तो बोये

चलताचल आगे ही   आगे

उसे बढ़ने को उद्दीप मिले

मैने कब चाहा था मुझको

दिनकर का सब रूप मिले। मैने तो......धूप मिले।

35. गोधूलि आगमन

दूर क्षितिज पर रवि की किरणें
अस्ताचल को रहीं पधार
साँझ ने लाज की घूंघट ओढ़ी
थी प्रियतम को रही निहार
गोधूली बेला में रक्तिम सी
आभा फैली चारों ओर
पंछी लौट चले अब घर को
कल के सपने लिए बटोर
बैलों की घंटी रूनझुन सी
लगे सुरीली पगडंडी पर
कहे आज अब घर चलते हैं
मिलते सुबह की ओर यहीं पर
वहीं चंद्रमा अंबर में से
निकल के छवि फैलाने लगा
पीपल के पीछे से छुप कर
राह को धवल बनाने लगा
बौराई सी बयार ने अपने
लाज के घूंघट खोल दिये
पी को जी भर निरखा उसने

अपने चक्षु में नेह लिए
एक तरफ रवि का अस्ताचल
शशि का अंबर दूजे उगना
निरख निरख प्रकृति मन हरषे
रवि और शशि का छुप कर मिलना
रजनी ने धीमे से आ कर
अपने पंख को दिया पसार
मानो दिन भर बिछुड़ के पंछी
पंखों में ले किया दुलार
'चंद्रिका' यह गोधुली बेला
कहे सभी से ले कर नाम
दिवा की हलचल पूर्ण हुई अब
कर ले कुछ तू भी विश्राम।

36. हृदय का मरूथल

तप्त हृदय के मरुथल में,
ना जाने कितने रेख बने हैं,
काल के चित्र फलक पर मानो,
व्याल ने अपने चिन्ह धरे हैं ।

तेज पवन के झोंकों से,
हो जाते धूमिल चिन्ह व्याल,
क्षण भर को ही मृगतृष्णा भी,
बुन जाती अपना ही प्रवाल,
आगे बढ़ देखें जीवन को,
आरेख भी वैसे वहीं धरे हैं,
तप्त हृदय...........बने हैं।

आती निशा दुशाल लिए,
देती है दृग में स्वप्न सिले,
फैला कर अपने आँचल को,
दे जाती स्नेहिल स्पर्श भले,
पूनम की रातों में चमके,
ये रेख हीय पर गहरे हैं,
तप्त हृदय.............बने हैं।

होती है हल्की सी आहट,
जैसे ये सब मिट से गये हैं
हवा के झोंको से ये आगे,
जाकर के फिर बन ही गये हैं,
मिटते दिखते पर ये आगे,
एक नहीं कई एक बने हैं,
तप्त हृदय.............बने हैं।

आभास कभी हो जाता है,
आगे पृथु अब कुछ समतल होगी,
हृदय के अंकित रेखों पर अब,
कोई तो प्यारी लेख मिलेगी,
तीक्ष्ण हवा के झोंकों से पर,
नये चिन्ह बन ही जाते हैं,
तप्त हृदय...........बने हैं।

ऐ चंद्रिका तू चलती चली चल,
कोटि रेख अभी बनने बाकी,
आगे अभी मरुथल विशाल है,
चलना तुझे है पर एकाकी,
नही कोई भी संग चला है ,
निर्जन में पदचिन्ह चले हैं,
एकल हैं पर फिर भी भले हैं।
तप्त हृदय...........बने हैं।
काल के............चिन्ह धरे हैं।

37. बसंत अभिनन्दन

लो चली पवन संग साथ लिए

वो सुगंध मंद मधुमास लिए

धरनी ने धरे वसन धानी

रंगी प्रेम के रंग श्रृंगार किए

पीपल ने ओढ़े नव पल्लव

द्विज के गूँज रहे मृदु कलरव

रक्तिम हुए कपोल उषा के

देख रवि का व्योम से उद्भव

हर दिशा सँवर गयी पुष्पों से

रंगों का अनुपम संग लिए

हर डाल डाल नव पत्र चढ़े

अंगड़ाई ली नव यौवन ने

अंबर ने खोले पट अपने

देखा अवनी को साज किए

मन मुग्ध मगन उसे देख देख

लिए प्रीत का अंजन नयन लिए

छवि देखी अपनी जलज ने झट
उस ताल के निर्मल दर्पण में
वह दर्प से भर इठला बूँदों को
मोह लिया निज शत दल पर

था व्योम स्वच्छ,घन तड़ित रहित
आने की किसी की बाट लिए
अधरों पर स्मिति की रेखाएं
सज रहीं थी मन उल्लास लिए

ऋतु राज बसंत को चढ़ा के रथ
मारुत ने किया मन अभिनन्दन
धारिणी ने किया श्रृंगार सुरम
हुआ अति आनंदित उसका मन

मनपाखी जैसे झूम उठा
चहुँ ओ सरस रस घुलने लगा
अवनी का बसंत रंग देख देख
प्रकृति का रंग निखरने लगा।

38. ऐ लेखनी तू सहचरी

ऐ लेखनी तू सहचरी
तू मात्र मेरी ईक सखी
तू मन की मेरी भावना
सम्मान तू है ऐ सखी

चल चले तू संग मेरे
निशि दिवा तू संगीनी
इकलाईयों में तू ही है
तू है मेरी पथ गामिनी

तू प्रात है तू सांझ है
तू है दिवा तू रात्रि है
हर काल में भी तू ही है
हर पल तू मेरे साथ है

वेदना में संग चलके के
बहती है तू भाव बनके
शुष्क से मुखड़े पर तू
छा जाती है मुस्कान बनके

ऐ लेखनी तू अश्रु बनके
बहती है भावों में मेरे
स्नेह बनकर घावों पर
मरहम लगा जाती है मेरे

प्रीत की मनमीत है तू
साधना की जीत है तू
पुष्प सी मैं खिल उठूँ
इन धड़कनों की गीत है तू

तू काल है तू पहर है
तू मौसमों की बहार है
तू सींच दे सबका ही मन
वो झीनी सी फुहार है

माँ का मेरे प्यार है तू
पिता का भी दुलार है तू
भ्रात बहना का भी निर्मल
स्नेह का संसार है तू

ऐ लेखनी तू प्रकृति है
तू ही तो मन की वृत्ति है
जीवन का क्रम तू ही तो है
तू ही तो सारी वृत्ति है

मेरे शब्दों में तू प्यार की

यूँ फुहार बन जाती कभी

कभी मन का तुम विद्रोह बन

भावों मे झलक जाती कभी

देश,धर्म, समाज का

दर्पण तू बन जाती कभी

ऐ लेखनी तू सत्य को

सबको है दिखलाती कभी

उस ईश को निज शब्दों से

हिय में तू सबके ही धरे

सबके ही कल्याण की

नित वन्दना उनसे करे

यूँ ही साथ चलना ऐ सखी

प्रतिदिन ही मेरे भावों में

चंद्रिका हो जाए पूरी

रह के तेरी छाँव में।

39. उड़ने लगा बिहंग

अश्रुओं से भर नयन, जब देखती हूँ नीड़ को
शून्यता सी व्याप्त होती, सह न पाती पीड़ को

चहचहाट से भरी रहती थी,जो बगिया कभी की
छा गयी है ईक उदासी,चेहरों पर जाने सभी की

नन्हा सा जो बिहंग छिपता, था कभी मेरे पंख में
उड़ने लगा वो बिहंग अब क्या, लौटेगा मेरे अंक में

जोड़ तिनकों को ये मैंने, नीड़ छोटा सा बनाया
नन्हे को पंखों में रख, सबसे ही है मैंने बचाया

वृष्टि, मारुत,ताप में भी ,दी सुरक्षा उसको मैंने
पंख दे कर उड्डयन को, व्योम में भेजा है मैंने

खुश हूँ मै की प्रखर है वह ,आज वह प्रवीण है
हर परीक्षा से निकल कर, आज वह उत्तीर्ण है

देखती हूँ राह उ सकी, लौटने कब अपने घर
उड़ने लगा बिहंग अब, क्या लौट पायेगा इधर

मनु औ पंछी की कहानी,क्यों अलग और भिन्न है
हम जो मानव उड़ने से, बच्चों के अपने खिन्न हैं

हम मनुज क्यों आस करते, लौटने के हर प्रहर
प्रकृति की यही रीत है, सिखलाते हैं ये नभचर।

40. अंतर्मन की उदधि

अंतर्मन की उदधि में अतुलित
भाव सतत संचित होते हैं
कुछ उन्नत से कुछ अभ्यंतर में
हिय के उद्वेलित होते हैं

डूबते हैं तिरते हैं कभी
कभी नैनन में आकर घिरते हैं
पीड़ा की अतिशयता में वे
चल कपोल पर आ गिरते हैं
लहरों के सम थपकी देते
निद्रा में झंपित होते हैं
अंतर्मन की उदधि ***********
भाव सतत *****************

ये उदधि भी जाने कैसा है
नव रस आ कर इसमें घुलते हैं
छद्म वेष धारण करके ये
अंतर्मन में नित खिंचते हैं
ज्वार अधिक हो जाता जब है
उर तट पर आ कर गिरते हैं

अंतर्मन की उदधि**********
भाव   सतत ****************

निर्भाव पटल अंतर्मन में भी
शून्य से अवरत आ घुलते हैं
बारंबार आवर्त* ये मन को
व्यथित कभी हर्षित करते हैं
सीमा से अतिशय होते जब
शून्य को भी विचलित करते हैं
अंतर्मन की उदधि **********
भाव सतत****************

नहीं समेट पाता है जब मन
आकर लेखनी में रुकते हैं
उद्वेग की परिसीमा में आकर
मसि बनकर के बह चलते हैं
बन जाता कोई कवि रचयिता
भाव यदा** अंकित होते हैं
अंतर्मन की उदधि में अतुलित
भाव सतत संचित होते हैं।

❈❖❈

---

*अवरत - पानी का भवंर, **यदा - जहां

41. मन का सागर

मन का सागर इतना गहरा
शब्द बूंद से भर नही पाता
लाख कोटि शब्दों का निर्झर
नहीं इसे पूरित कर पाता

निशा दिवस अविरल प्रवाह
इस गहन जलधि में शब्दों का
ये शब्द बूंद का गृह अथाह
हर बूंद में लय है छंदों का
लहराता है घहराता भी ये
क्षण क्षण प्रतिदिन गहराता
मन का सागर***************
शब्द बूंद से**************

भावों की लहर में घुल करके
नित नयी मृत्तिका आ जाती
हर तह पर कितने तह जमते
फिर नयी सतह ये दे जाती
हर सतह में कितने छंद छिपे

ये सतह है नित नित गहराता
मन का सागर***************
शब्द बूंद से***************

कितना भी उलीचो शब्दों को
हर बार नया कुछ आ जाता
मन सागर की धारा को वह
इक नया रुप ही दे जाता
पर मन की गहन जलधि को ये
संभवतः तृप्त न कर पाता
मन का सागर****************
शब्द बूंद से***************

लाख कोटि शब्दों का निर्झर
नहीं इसे पूरित कर पाता
मन का सागर इतना गहरा
शब्द बूंद से ना भर पाता।

42. सुवर्ण अंडमान

खिल रहा है ये गगन
धरा भी मुस्कुरा रही
निशा शयन को जा रही
उषा मिलन को आ रही

दिशा दिशा में लालिमा
है भोर गीत गा रही
संदेश ले के भानु का
है आस को जगा रही

अरुण की स्वर्ण रश्मियां
धरा को चूमने लगीं
तृणा की ओस दीप्त हो
प्रभा बिखेरने लगीं

असंख्य पुष्प खिल उठे
भ्रमर भी गूंजने लगे
विटप के वृंत पर विहग
प्रसन्न कूंजने लगे

दिशाएं डोलने लगी
कपाट खोलने लगीं
रश्मियां आदित्य की
सुवर्ण घोलने लगीं

द्वीप अंडमान के
यूं रत्न जैसे खिल उठे
नील से नदीश में ज्यों
दीप हरित जल उठे

चक्षुओं में स्वर्ग की
तेजस्विता समा गयी
चंद्रिका ये धन्य भाग्य
जो यहां रमा गयी।

43. सागर का किनारा

ये सागर का किनारा भी, बड़ा मासूम लगता है
न जाने कितने लम्हों को, सजाए दिल में रखता है

पवन संग मिल के लहरें भी, इसे बस छेड़ती रहतीं
कभी इसको भिगोती हैं, कभी अठखेलियां करतीं

महल रेतों के बनते हैं, इन्हीं सागर किनारों पर
मिटा देती हैं लहरें आ, किसी निर्दय इशारों पर

किसी के प्रेम की गाथा, कभी तो ये सुनाता है
कि दिल के टूटने का ग़म, कभी ये गुनगुनाता है

कभी गुज़रे ज़माने की, कहानी बन के आता है
नयी कोई रवानी* ये, तटों पर छोड़ जाता है

समय चिन्हों को कितने ही, इसे देकर चला जाता
ये सागर का किनारा चुप, वहीं सब देखता जाता

---

*रवानी - प्रवाह

तटों के गर्भ में जाने, वो कितनी स्याह रातें हैं
जो सूरज की झलक पाने को, करती रहतीं बातें हैं

चलो हम भी चलें कुछ दूर, सागर के किनारे पर
लिखे हम चंद्रिका नूतन, कहानी इक किनारे पर।

44. बंदनवार सजा अवनी का

शब्दों के धागों में मैंने
भावों के कुछ पुष्प पिरोये
चुन चुन कर के बड़े प्यार से
नैनन नेह से उनको धोये

संवर संवर वारिद घर आए
प्रीत की गागर संग में लाए
हवा बही कुछ मद्धम मद्धम
अंतस ताप घटै मन भाए

वसुधा ने सुधि बुधि बिसराई
यादों की लड़ियां संग लाई
बंदनवार सजा अवनी का
सावन की झड़ियां मुसकाईं

हरित भरित दूर्वा ने उठकर
कोमल से कालीन बिछाए
मोर पपीहे ने आ करके
मधुरिम मधुरिम गीत सुनाए

तप्त हृदय धरती पर जैसे
शीतल मृदुल पवनिया सोये
लखि के पृथु श्रृंगार चंद्रिका
प्रेम सुधा रस हिय में बोये।

45. शिव और सागर

इस सागर उर को देखो तो
शिव जैसा ही है यह विशाल
शोषित करता नित नित आघात
रहता फिर भी है यह निहाल

शिव और सागर दोनों में
सारे ही गुण हैं अति समान
आक्रोश क्रोध इक जैसा है
पर प्रेम दया भी है महान

विष धारण करने की क्षमता
शिव सागर में है सम समान
शिव नीलकंठ कहलाते हैं
सागर भी नीला शिव समान

हर जीव का उद्भव सागर से
शिव से उपजी पूरी सृष्टि
यह सागर जीवों का आलय
शिव शक्ति से बनती यह प्रकृति

जब होती पीड़ा प्रकृति में
तो नयन सजल शिव के होते
उन अश्रु धार से पृथ्वी पर
अति भीषड़ प्रलय तभी होते

सागर का गर्जन पीड़ामय
अत्यंत विकलता दर्शाता
लेता है विकराल रुप
धरती पर प्रलय भी ले आता

सागर गहराई ले कर भी
जब शांत चित्त समतल होता
लगता वह शिव का रुप ही है
जो ध्यान ज्ञान अविचल होता

हर सूर सागर में समाहित है
हर ताल निकल कर के आते
शिव सप्त सुरों के हैं स्वामी
संगीत नृत्य शिव को भाते

शिव सागर का ही रूप हृदय
जिसमें शुभता है वास करे
ना हृदय कभी कलुषित होवे
यहां समता सदा निवास करे।

46. शांति तृप्ति और तुष्टि अटूट

खेद ना होवे कोई जब हम
जाएं इस जीवन से छूट
ले जाएं अपने संग थोड़ी
शांति तृप्ति और तुष्टि अटूट

जीवन सुख दुख का संगम है
सब अनुभूत हमें करना है
खुशियों को जीना है पल पल
दुख में आहें भी भरना है
सुख के पल अच्छे लगते जब
घोर दुखों से जाते छूट

खेद न होवे कोई जब हम
जाएं इस जीवन से छूट
ले जाएं अपने संग थोड़ी
शांति तृप्ति और तुष्टि अटूट

तपती रेत हमें झुलसाती
जल की एक बूंद तरसाती
ऐसे में मेघों की जल की

एक बूंद भी हमें सुहाती
वर्षा भी तब ही है भाती
तप्त धरा जब होवे अखूट*

खेद न होवे कोई जब हम
जाएं इस जीवन से छूट
ले जाएं अपने संग थोड़ी
शांति तृप्ति और तुष्टि अटूट

जीवन लहरों के ही सम है
जो उठती गिरती रहती है
उठते गिरते तट पर अंतिम
सांसें ले विदा लेती है
अनुभव ले कर हम भी इक दिन
बंधन से जाएंगे छूट

खेद न होवे कोई जब हम
जाएं इस जीवन से छूट
ले जाएं अपने संग थोड़ी
शांति तृप्ति और तुष्टि अटूट।

---

*अखूट - अत्यंत

47. सागर की उत्ताल तरंगें

सागर की उत्ताल तरंगें
क्षुब्ध* सतह पर मचला करतीं
जाने कितना क्षोभ** भरा है
शमित जिन्हें ये करतीं रहतीं

हिय में अति संताप*** छिपातीं
संघर्षों का ताप छिपातीं
यत्न दमित करने को जिनको
नित ही कंपित होती रहतीं
सागर की उत्ताल***********
क्षुब्ध सतह पर***********

व्याकुलता अभ्यंतर की नित
व्यक्त लहर हर करती रहती
शोर कभी तो कभी शिथिल
कभी गर्जन तर्जन करती रहती
सागर की उत्ताल***********
क्षुब्ध सतह पर***********

---

*क्षुब्ध - विकल, परेशान, **क्षोभ - व्याकुलता, ***संताप - दुख, क्लेश

कहां से इतना साहस लातीं
भीतर ना कुछ रख ये पातीं
हृदय अंतरित* रत्नों को नित
नित्य ही तट पर ये पहुंचातीं
सागर की उत्ताल**********
क्षुब्ध सतह पर**************

प्यार ये अपना हैं दिखलातीं
तट पर आ सबको छू जातीं
जैसे ममता के आंचल से
सबको ही हैं ये सहलातीं
सागर की उत्ताल तरंगें ********
क्षुब्ध सतह पर**************

थकन कभी ना इन्हें सताती
कर्मठता हैं ये सिखलातीं
गति अपनी हम कभी न भूलें
जग को यह संदेश दिलातीं
सागर की उत्ताल ***********
क्षुब्ध सतह पर***************

---

*अंतरित - छिपा हुआ

जीवन यह बहुमूल्य बड़ा है
अर्थ मिले इसको बतलातीं
रुक कर इसको नहीं गंवाएं
व्यर्थ करें ना यही बतातीं
सागर की उत्ताल***********
क्षुब्ध सतह पर***************

जानें कितना क्षोभ भरा है
शमित* जिन्हें ये करतीं रहतीं
सागर की उत्ताल तरंगें
क्षुब्ध सतह पर मचला करतीं।

————◦◦◦————

*शमित - शांत

48. सागर के उस पार मिलेगा

सुना है मैंने सबको इक दिन
सपनों का संसार मिलेगा
चंदन सा जो महके सब दिन
ऐसा सुखी सहार* मिलेगा
परियों का वह लोक सुहाना
सागर के उस पार मिलेगा

सुनती आई थी बचपन से
सागर पार में परियां रहतीं
नील हरित कानन में जिनके
पांवों की पैंजनियां बजती
सुना है सागर जल से उनका
सुंदर मुक्तक हार मिलेगा
परियों का वह लोक सुहाना
सागर के उस पार मिलेगा

---

*सहार - आश्रय

आई सागर पार सघन में
लेकर ढेरों स्वप्न नयन में
मारुत संग में लेकर आई
सौरभ भीनी इस उपवन में
कहते स्वप्न साकार मिलेगा
सुंदर सा अभिसार* मिलेगा
परियों का वह लोक सुहाना
सागर के उस पार मिलेगा

कदम बढ़े जैसे ही मेरे
स्वर्ण रेत सागर के तट पर
पाया निज को स्वप्न लोक में
बिखरी आभा जहां निकट पर
कहते हैं बस यहीं कहीं पर
भावों का अंबार मिलेगा
परियों का वह लोक सुहाना
सागर के उस पार मिलेगा

---

*अभिसार - साथी।

चुनने बैठी मैं जो मोती
चुन बैठी मैं अनगिनत ज्योति
क्या छोड़ूं किन किन्हें समेटूं
सोचा सब आंचल भर लेती
यहीं कहीं स्वप्नों का सागर
मुझको बारंबार मिलेगा
परियों का वह लोक सुहाना
सागर के उस पार मिलेगा

सागर की गहराई लेकर
निकलूं मैं जीवन में आगे
लेकर सबकी दुःखद लवणता
बांधूं मधुर प्रेम के धागे
सागर पार ही रहना मुझको
सागर सा संसार मिलेगा
परियों का वह लोक सुहाना
सागर के उस पार मिलेगा

मुझको मेरा स्वप्न सलोना
सागर के उस पार मिला है
ढूंढ़ा करती थी जिसको मैं
मेरा वह उपहार मिला है
सागर की गहराई से मेरा
शब्द छंद परिवार खिला है
परियों का वह लोक सुहाना
सागर के उस पार मिला है

सच ही सुना है मैंने सबसे
सपनों का संसार मिलेगा
परियों का वह लोक सुहाना
सागर के उस पार मिलेगा।

49. तड़प उठा मिलने को सागर

तड़प उठा मिलने को सागर
शशि की सुंदरतम छवि से
पूनम की रातों में उमड़ा
भर कर के उमंग नवि* से

टकरा टकरा कर तट पर
किल्लोल** बहुत वह करने लगा
छूने को आभा विधु*** की
विलोल**** बहुत वह करने लगा
व्यग्र बड़ा तट पर फैला
भरने को बांहें शशि छवि से
पूनम की रातों में उमड़ा
भर कर के उमंग नवि से

---

*नवि - नया, **किल्लोल - खुश होना, ***विधु - चंद्रमा, ****विलोल - अस्थिर

तटबंध छोड़ वह छलक पड़ा
ज्यों मधु का प्याला छलक पड़ा
तन भीग रहा मन भीग रहा
चहुं ओर को रिमझिम बरस रहा
धरती का आंचल भीग गया
उसकी उस सुंदरतम छवि से
पूनम की रातों में सागर
उमड़ा भर उमंग नवि से

अनुराग को अपने छितर* रहा
जल बौछारों से भिगो रहा
ज्यों चंचल बालक नीर लिए
अंजुलि में सबको भिगो रहा
वह गरज गरज कर शोर मचा
परिहास किया अपनी भवि** से
पूनम की रातों में सागर
उमड़ा भर उमंग नवि से

---

*छितर - बिखेरना, **भवि - अनुरक्त

विदित उसे है नहीं मिलन है
केवल छाया संग खिलन है
देख के शशि को मन दर्पण में
खिलता उसका मन उपवन है
तड़पन और बिछोह दमित कर
भरता वह उमंग अति से
पूनम और अमावस के दिन
उठता वह उमंग अति से

हर अंधियारी पूनम वाली
रातों में निरखा करता है
शशि को पाने की खातिर वह
यत्न बहुत ही करता है
अपने को कर चूर चूर
वह तट पर बिखरा करता है
देख चंद्रिका को नभ में
कुछ धीरज पाता है छवि से
पूनम की रातों में आज भी
भरता सिंधु उमंग नवि से।

50. श्रृंगार सभी के मन का हो

श्रृंगार सभी के मन का हो
श्रृंगार सभी जीवन का हो
इस बहके बहके से जग में
श्रृंगार सभी के अंतर्मन का हो

श्रृंगार सभी के मन का हो
श्रृंगार सभी जीवन का हो

छाया है चहुं ओर तमस
हर मानवता अब हुई अवश*
ना दया धर्म का मोल कहीं
बस दुराचार का चलता वश

ऐसे में कोई आ कर के तनिक
करुणा के सरित जगा जाए
परिहार** सभी विकृति का हो
मनुहार सुभग संस्कृति का हो

---

*अवश - बेबस, लाचार, **परिहार - त्यागना

श्रृंगार सभी के मन का हो
श्रृंगार सभी जीवन का हो

काम क्रोध की बढ़ी लहर
मद मोह के मारे हुए शहर
हर गांव गली में अनाचार
सब शर्मसार अब हुए बसर*

मनुष्यत्व के घट को लेकर के
शिव शक्ति धरा पर आ जाए
संहार अधर्मी वृत्ति का हो
नव सृजन धर्म प्रवृत्ति का हो

श्रृंगार सभी के मन का हो
श्रृंगार सभी जीवन का हो

परिवर्तन को है समय खड़ा
मन का विकार है सबसे बड़ा
तजना है सब कुत्सित विचार
लाना है नूतन सा निखार

---

*बसर - जीवन निर्वाह

हम सभी नवल युग ले आयें
शुभता को कभी न खो पाएं
हर जीव यहां पर निर्भय हो
ना हृदय तनिक कोई भय हो

श्रृंगार सभी के मन का हो
श्रृंगार सभी जीवन का हो

स्वयं में भर कर शक्ति को
निज को कर जाएं कठोर
प्रतिशोध जो अपना लें पाएं
हर दुराचारी दंडित हो घोर

कहीं से ना कोई चीत्कार उठे
अपराध बुद्धि थर्रा ही उठे
हर दुष्कर्मी का विनाश हो
सत्कर्मों का शिलान्यास हो

श्रृंगार सभी के मन का हो
श्रृंगार सभी जीवन का हो
इस बहके बहके से जग में
श्रृंगार सभी के अंतर्मन का हो।

www.ingramcontent.com/pod-product-compliance
Lightning Source LLC
Chambersburg PA
CBHW021545150726
47990CB00006B/2402